Rolf Steininger

Die Kubakrise

16. – 28. Oktober 1962

Inhaltsverzeichnis

14. Oktober 1962: Sowjetische Atomraketen auf Kuba

Kurz vor Mitternacht des 13. Oktober 1962 startete Major Richard S. Heyser vom US-Luftwaffenstützpunkt Edwards in Kalifornien zum Flug über die Westküste Kubas. Am frühen Morgen des 14. Oktober aktivierte er dort die Bordkameras seiner U-2. Am 15. Oktober wurden die Filme im Foto-Auswertungszentrum der CIA in Washington analysiert. Am Abend stand fest: Es gab sowjetische Raketenstellungen auf Kuba.

Präsident John F. Kennedy wurde am 16. Oktober um 9:00 Uhr informiert, um 11:50 Uhr fand bereits die erste Sitzung

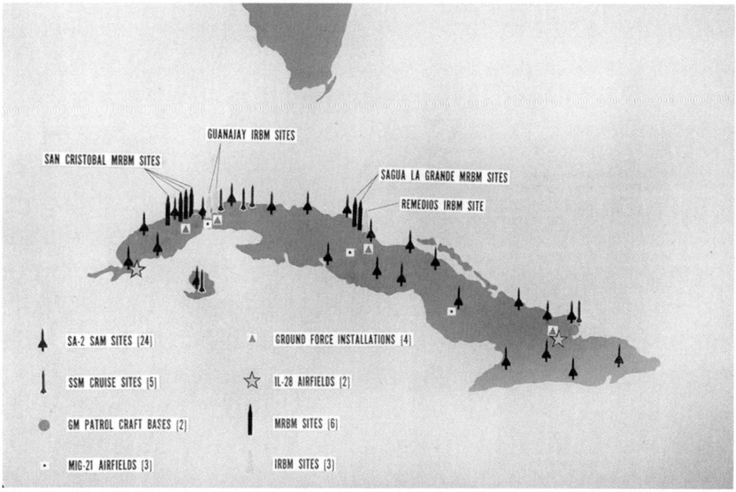

Wikipedia, United States Department of Defense graphic in the John F. Kennedy Presidential Library and Museum, Boston.

Sowjetischer Militäraufbau in Kuba, Ende Oktober 1962.

einer kleinen Gruppe hochrangiger Diplomaten und Militärs statt, um die Lage zu erörtern. Dieses Exekutivkomitee, bekannt als ExComm, tagte in den folgenden zwei Wochen nahezu ununterbrochen.

Wir wissen inzwischen ziemlich genau, wie diese Beratungen abliefen. Unbemerkt von den Teilnehmern – möglicherweise mit Ausnahme seines Bruders Robert – hat Kennedy die Gespräche auf Tonband aufnehmen lassen. 1997 sind sie veröffentlicht worden. Sie machen die ganze Dramatik jener Tage deutlich. Sie zeigen auch die zwei Lager in dieser Beratungsrunde, die „Tauben" und die „Falken". Beide Gruppen waren sich in einem Punkt einig: die Raketen mussten weg, so oder so, wie Kennedy in der ersten ExComm-Sitzung meinte. Die Frage war nur wie? Die Militärs plädierten von Anfang an für eine militärische Lösung: massive Luftangriffe, gefolgt von einer Invasion. Allerdings war man sich nicht sicher, ob dabei sämtliche Raketenanlagen zerstört würden. Das war das Problem. Verteidigungsminister Robert McNamara sprach sich für eine Seeblockade aus und brachte einen Gedanken ein, der später eine wichtige Rolle spielen sollte: Um die sowjetischen Raketen auf Kuba wegzubekommen, könnten im Gegenzug die US-Raketen in der Türkei und in Italien (Südtirol) abgebaut werden.

Inmitten dieser Beratungen kam es am dritten Tag der Krise, Donnerstag, 18. Oktober, zu einem Treffen der besonderen Art im Weißen Haus: Der sowjetische Außenminister Andrej Gromyko hatte sich für 17.00 Uhr angesagt. Gromyko hatte um dieses Treffen gebeten, um die Stimmung im Weißen Haus auszukundschaften. Moskau erhoffte sich Antworten auf die Frage, ob Washington möglicherweise die Raketen entdeckt hatte und Kennedy die veränderte Situation in Kuba akzeptieren würde. Vor dem Treffen mit Kennedy hatte Gromyko mit Botschafter Anatoli F. Dobrynin die Lage besprochen. Dobrynin wusste nichts von den sowjetischen Raketen auf Kuba und versicherte Gromyko, die USA würden Invasionspläne für Kuba nicht weiter verfolgten. Kennedy sei sich im Klaren darüber,

The John F. Kennedy Presidential Library and Museum, Boston, Knudsen, Robert L.

Der sowjetische Außenminister Andrei Gromyko (3. v. l.) im Gespräch mit US-Präsident John F. Kennedy, 1962.

dass bei einem möglichen amerikanischen Angriff auf Kuba die Sowjetunion als Gegenmaßnahme einen Verbündeten der USA angreifen würde. „Man weiß nicht wo und wie, aber dass wir reagieren würden, darüber gibt es in Washington keinen Zweifel", berichtete Gromyko später nach Moskau.

Um 17.00 Uhr erschien Gromyko im Weißen Haus. Kennedy befürchtete, dass nun die Stunde der Wahrheit gekommen sei und Gromyko ihm eröffnen werde, dass sowjetische Atomraketen auf die USA gerichtet seien – und zwar aus Kuba.

Es kam anders: Gromyko erwähnte die Raketen mit keinem Wort. Wir kennen das Bild, das nach dem Treffen vom Weißen Haus verbreitet wurde: Kennedy entspannt im Schaukelstuhl, ihm gegenüber Gromyko, etwas gequält lächelnd, mit seinem Stellvertreter Wladimir Semjonow und Botschafter Dobrynin. Das Gespräch drehte sich hauptsächlich um Berlin. In Berlin standen sich Sowjets und Amerikaner unmittelbar gegenüber. 1948/49 hatten die Sowjets für knapp ein Jahr alle Zugänge über Land nach Westberlin blockiert. Anschließend verlas Gromyko eine vorbereitete Erklärung über Kuba: Er beschwerte sich über die amerikanischen Aktivitäten mit Blick auf die Insel und teilte mit, die Sowjetunion unterstütze Kuba mit Waffen, die aber – und das betonte er mit Nachdruck – defensiv seien. Kennedy betonte ebenfalls mit Nachdruck, dass, sollten offensive Waffen nach Kuba geliefert werden, das schwerwiegende Folgen haben werde. Es war eine Warnung, die Gromyko nicht verstand, wie seine anschließende Meldung nach Moskau deutlich machte: „Alles, was wir über die amerikanische Haltung mit Blick auf Kuba wissen, lässt den Schluss zu, dass die Lage im Allgemeinen vollkommen zufriedenstellend ist." Presse und öffentliche Meinung würden sich mehr mit Berlin als mit Kuba beschäftigen; eine Gallup-Umfrage habe eine Mehrheit gegen eine amerikanische Invasion Kubas festgestellt, und der Kongress habe sich bis nach den Wahlen im November vertagt und das bedeute, „dass der Druck auf Kennedy von dieser extremen Gruppe nachlassen wird".

Kennedy mochte Gromyko nicht. Am liebsten hätte er ihm die U-2-Photos gezeigt, aber er hatte sich zurückgehalten. „Niemals zuvor hat mir jemand in so kurzer Zeit so viele schamlose Lügen aufgetischt wie Gromyko", meinte er wenig später. Der war für ihn jedenfalls von nun an nur noch „der Bastard, der lügt".

Die Zeit drängte: am Samstag, 20. Oktober, plädierten die Stabschefs für einen Angriff; sie schlossen dabei den Einsatz von Atomwaffen ausdrücklich nicht aus. Am Ende dieser wohl wichtigsten ExComm-Sitzung traf Kennedy seine

Entscheidung, die er am Montagabend der Nation mitteilen werde: Eine Blockade, genannt Quarantäne (um nicht entsprechende Assoziationen mit Blick auf Berlin hervorzurufen), verbunden mit der Aufforderung an Chruschtschow, die Raketen abzuziehen. Gleichzeitig gab er den Befehl, die Vorbereitungen für eine mögliche Invasion Kubas fortzusetzen. Präsidentenberater Theodore Sorensen entwarf die Fernsehansprache Kennedys nach dem Muster der Ansprachen der Präsidenten Woodrow Wilson und Franklin D. Roosevelt, mit denen sie den Ersten bzw. Zweiten Weltkrieg erklärt hatten. In der ExComm-Sitzung am Sonntag wurde die Rede Satz für Satz durchgesprochen. Der Ernst der Situation sollte in voller Schärfe deutlich, Chruschtschow alleine für die Situation verantwortlich gemacht werden.

Um 13:00 Uhr des 22. Oktober 1962 kündigte Sorensen in Washington für 19:00 Uhr eine Rundfunk- und Fernsehansprache des Präsidenten „von höchster nationaler Dringlichkeit" an. Kennedy versammelte seine Familie im Weißen Haus, damit sie im Notfall alle zusammen waren; ein Helikopter stand bereit, um sie alle in den geheimen Atombunker *Mount Weather* in Virginia zu fliegen.

Persönliche Botschafter des Präsidenten informierten die Verbündeten in London, Paris und Bonn. Sie signalisierten volles Verständnis für die amerikanische Reaktion, allen voran Bundeskanzler Konrad Adenauer, der „klarer als viele andere Verbündete" war, wie US-Botschafter Walter Dowling dem Kanzler versicherte. Adenauer befürwortete nachhaltig „die Bombardierung und die Invasion" der Insel, zeigte sich aber gegenüber dem britischen Botschafter Christopher Steel erstaunt, dass die Amerikaner überhaupt in eine solche Gefahr geraten waren.

Der britische Premierminister Harold Macmillan meinte zu Botschafter David Bruce, es werde wohl schwierig werden, die Blockade lückenlos durchzuführen. Frankreichs Präsident Charles de Gaulle fragte den Sonderbeauftragten Kennedys, Dean Acheson, ob er ihn lediglich informieren wolle oder ob der Präsident an seiner Meinung interessiert sei. Acheson machte klar, dass es nur um das Erstere ging, worauf der General dennoch seine Unterstützung zusicherte, aber gleichzeitig fragte, wie mit der Blockade die Raketen auf Kuba beseitigt werden sollten. Das war genau die Frage, die auch ExComm umtrieb.

Das State Department informierte die Organisation der amerikanischen Staaten und UNO-Generalsekretär U Thant über die Sachlage, während Kennedy mit den ehemaligen Präsidenten Hoover, Truman und Eisenhower telefonierte.

Für 17.00 Uhr war eine Sitzung im Kabinettssaal des Weißen Hauses angesetzt, auf der Kennedy führende Kongressabgeordnete von der bevorstehenden Entscheidung informieren wollte. Die Parlamentarier waren den ganzen Tag von überall aus den USA unter zum Teil abenteuerlichen Umständen nach Washington gebracht worden. Hale Boggs, der Parlamentarische Geschäftsführer der Demokraten im Repräsentantenhaus, wurde im Golf von Mexiko beim Angeln aufgespürt. Ein Hubschrauber warf ihm eine Flaschenpost ins Wasser, auf der stand: „Rufen Sie Vermittlung 18 in Washington an. Dringende Nachricht des Präsidenten." Ein Hubschrauber flog ihn dann auf eine Ölplattform: Von da aus ging es weiter nach Washington.

In der Sitzung um 17:00 Uhr kam es dann zu erstaunlichen Reaktionen. Die meisten der 20 Abgeordneten waren einigermaßen verärgert darüber, dass sie über eine Angelegenheit von nationaler Dringlichkeit erst so kurz vor der entsprechenden Fernsehansprache des Präsidenten informiert wurden. Entsprechend waren auch die Reaktionen. Senator Richard Russel, Demokrat aus den Südstaaten und Vorsitzender des Militärausschusses, kritisierte die Blockadeentscheidung scharf; er plädierte für hartes militärisches Handeln: „Entweder wir sind eine Weltmacht oder wir sind keine." Und an Kennedy gewandt:

„Sie haben diese Leute immer und immer wieder gewarnt; die Sowjets können nicht sagen, sie seien nicht informiert worden. Sie haben ihnen gesagt, das nicht zu tun. Sie [die Sowjets] haben es trotzdem getan. Ich denke, dass wir so schnell wie möglich eine angemessene Streitmacht aufstellen sollten, um die Situation zu bereinigen."

Noch erstaunlicher war die Reaktion von William Fulbright: „Ich denke, eine Blockade ist die schlechteste Alternative, denn wenn man ein russisches Schiff konfrontiert, konfrontiert man eigentlich Russland." Er war für eine „totale Invasion, und zwar so schnell wie möglich". Das nannte Kennedy jetzt *„one hell of a gamble"*. Um 18.30 Uhr verließ er die Runde, um sich auf seine Ansprache vorzubereiten.

Für 18:00 Uhr war Dobrynin ins State Department einbestellt worden, wo ihm Außenminister Dean Rusk die Situation klarmachte. Angeblich hatte Dobrynin von den Raketen nichts gewusst (was Außenminister Gromyko später aber bestritt). Als der sowjetische Botschafter das State Department betrat, lächelte er noch, als er es verließ, war er aschfahl und sichtlich erschüttert. Nach Moskau berichtete er, er habe Rusk geantwortet, die Sowjetunion fürchte keine Drohungen und sei vorbereitet, sie auf angemessene Weise zu beantworten, falls die Stimme der Vernunft in den USA nicht überwiegen sollte. Rusk habe nicht geantwortet, er sei aber, so Dobrynin, „sehr nervös und erregt gewesen, obwohl er versucht habe, seine Erregung zu verbergen".

Als John F. Kennedy um 19:00 Uhr seine Ansprache begann, schauten 100 Millionen Amerikaner zu. Der Präsident teilte etwas Ungeheuerliches mit: Die Sowjetunion habe Atomraketen auf Kuba stationiert; jede dieser Raketen könne die meisten großen Städte der westlichen Hemisphäre, von der Hudson Bay in Kanada bis hinunter in den Süden nach Lima in Peru, treffen. Dies sei eine explizite Bedrohung für den Frieden und die Sicherheit aller Amerikaner.

Die Sowjets bezichtigte er der mehrfachen Lüge, allen voran deren Außenminister Andrej Gromyko, der ihm noch wenige Tage zuvor versichert habe, es gebe nur defensive Waffen auf Kuba. Um den weiteren Aufbau der Abschussbasen zu

The John F. Kennedy Presidential Library and Museum, Boston, Stoughton, Cecil W.

John Kennedy bei der Verkündung der Blockade Kubas, 1962.

stoppen, kündigte Kennedy eine „Quarantäne" an, eine Blockade gegen alle Schiffe, die offensiv-militärisches Material nach Kuba bringen wollten. Alle derartigen Schiffe würden zur Umkehr gezwungen. Er habe außerdem die amerikanischen Streitkräfte angewiesen, sich auf alle Eventualitäten vorzubereiten. Dann machte er unmissverständlich klar: Sollte auch nur eine Rakete von Kuba aus abgeschossen werden, werde dies als ein Angriff der Sowjetunion auf die Vereinigten Staaten angesehen und zu einem „massiven Vergeltungsschlag gegen die Sowjetunion" führen. Dann wörtlich: „Ich appel-

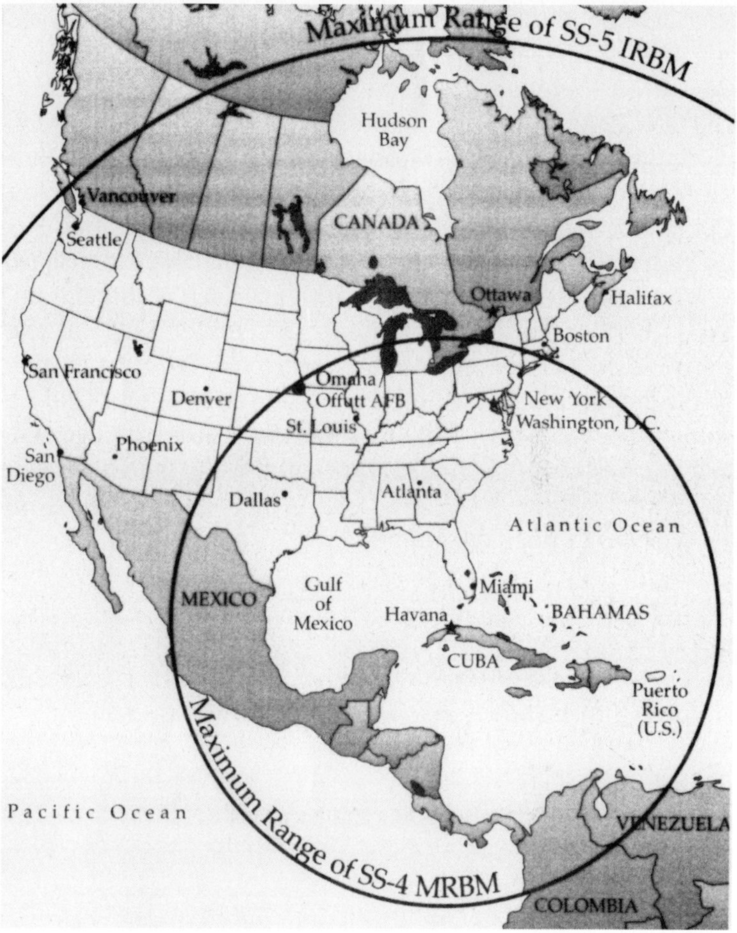

National Archives II, College Park, Maryland

Reichweite der sowjetischen Raketen auf Kuba.

liere an den Vorsitzenden Chruschtschow, diese verheimlichte, rücksichtslose und provokative Bedrohung des Weltfriedens zu beenden. [...] Er hat jetzt die Gelegenheit, die Welt vor dem Abgrund der Vernichtung zu bewahren [...] und diese Waffen aus Kuba abzuziehen.“

Von dem Zeitpunkt an galt für die US-Streitkräfte – zum ersten Mal seit dem Koreakrieg 1950 – weltweit Alarmstufe DEFCON 3 (*Defense Condition* 3, erhöhte Alarmbereitschaft; DEFCON 2: Angriff steht unmittelbar bevor; DEFCON 1: Krieg).

Am Morgen des 23. Oktober meinte Außenminister Rusk zu seinem Staatssekretär George Ball, der im Büro auf der Couch übernachtet hatte: „Wir haben einen erheblichen Sieg errungen. Wir sind beide noch am Leben." Im Kreml hatte Chruschtschow die Nacht auch auf der Couch verbracht, und zwar in voller Montur. Er erinnerte sich später: „Ich habe jeden Moment alarmierende Nachrichten erwartet. Darauf wollte ich vorbereitet sein, um sofort reagieren zu können." Und Harold Macmillan schrieb in sein Tagebuch: „Dies ist der erste Tag der Weltkrise!" Genauso war es. Die Welt stand am Rande des Atomkrieges.

Wie war es dazu gekommen?

April 1961: Desaster in der Schweinebucht

Zwischen Kuba, jener Insel, die nur etwa 150 km vor Florida liegt, und den USA hatte es immer besondere Beziehungen gegeben. Mit der „Befreiung“ im amerikanisch-spanischen Krieg 1898 – dem 112 Tage *„splendid little war“* – war Kuba in völlige Abhängigkeit von Washington geraten. Am Ende des Zweiten Weltkriegs kontrollierten die USA 80 % der kubanischen Wirtschaft, 40 % der Zuckerindustrie, 90 % der Förderung von Rohstoffen. Das kubanische Leben wurde von Washington aus kontrolliert.

Präsident war von 1940–1949 und wieder seit 1952 – nach einem Militärputsch – Fulgencio Batista. Seine einzige Stütze war die Armee, die von den USA ausgerüstet wurde. Ein erster Versuch Fidel Castros, Batista am 26. Juli 1953 zu stürzen, scheiterte zwar, aber als Mitte der Fünfzigerjahre erkennbar wurde, dass Batista mehr und mehr zu einem sich selbst bereichernden und korrupten Diktator wurde, ließen die USA ihn fallen. Wenig später war alles zu Ende.

Am Neujahrstag 1959 flüchtete Batista, acht Tage später zogen Fidel Castro und Ernesto „Che“ Guevara unter dem Jubel der Menschen dort ein. Ein langer Kampf war siegreich beendet worden. Für den Chef des amerikanischen Geheimdienstes CIA, Allen Dulles, waren Kommunisten in Havanna am Werk. Die ersten entschädigungslosen Enteignungen amerikanischen Grundbesitzes im Sommer 1959 schienen diese Einschätzung zu bestätigen. In gleichem Maße, wie das Misstrauen in Washington stieg, zeigte Moskau mehr und mehr Interesse an Kuba. Am 4. Februar 1960 unterzeichnete Chruschtchows Stellvertreter Anastas Mikojan ein sowjetisch-kubanisches

Ellen Steininger, Wien

Castro-Plakat

Handelsabkommen. Im Mai 1960 nahm Kuba offiziell diplomatische Beziehungen mit der Sowjetunion auf.

Die USA reagierten mit einem Handelsembargo, stoppten den Import von kubanischem Zucker und die Lieferung von Öl. Die Sowjetunion sprang ein, verpflichtete sich zum Kauf von 700.000 Tonnen Zucker jährlich bis hin zur gesamten Zuckerernte Kubas; sowjetische Tanker brachten Öl nach Kuba. Als die Firmen Shell, Esso und Texaco sich weigerten, dieses Öl zu verarbeiten, verstaatlichte Castro die Raffinerien kurzerhand. Bis Oktober 1960 wurde dann der gesamte amerikanische Besitz auf der Insel in Höhe von etwa 850 Millionen Dollar entschädigungslos enteignet. Am 2. Januar 1961 brachen die USA die diplomatischen Beziehungen zu Kuba ab.

Bereits am 17. März 1960 hatte US-Präsident Dwight D. Eisenhower die Operation „Zapata" – benannt nach der Halbinsel auf Kuba (mit der Schweinebucht) – für eine Invasion Kubas gebilligt. Die CIA hatte dafür in Guatemala Exilkubaner ausgebildet und war davon überzeugt, dass bei einer Landung ein Aufstand der Bevölkerung gegen Castro beginnen werde. Am 19. Januar 1961 – ein Tag vor der Amtseinführung von John F. Kennedy – unterrichtete Eisenhower seinen Nachfolger von diesen Plänen. Allen Dulles drängte Ende des Monats auf eine rasche Umsetzung: An der Südküste Kubas sollte ein Strandabschnitt erobert werden, B-26 Bomber die Luftherschaft dort gewinnen und die Nachschub- und Operationswege der Kubaner zerstören. Eine in Miami gebildete Exilregierung sollte eingeflogen werden und die USA dann um Hilfe bitten. Würde man zögern, so Dulles zu Kennedy, könnte sich Castro immer besser gegen eine Invasion und einen Aufstand im Innern vorbereiten.

Kennedy stand jedenfalls vor einer schwierigen Entscheidung: Würde er das Unternehmen abblasen, würde er öffentlich als *„appeaser“* dastehen, der ein bereits von Eisenhower initiiertes Unternehmen abgelehnt hätte. Würde er auf der anderen Seite einer groß angelegten Operation unter Beteiligung der USA zustimmen, würde dies zu massiven Protesten in ganz Lateinamerika, Europa und Asien führen; die neue Administration wäre mit einem Schlag diskreditiert. Andererseits faszinierte ihn die Idee, das Castro-Regime zu beseitigen.

Er hätte am liebsten eine Aktion der Exilkubaner in der Form gesehen, dass sie sich zunächst in den Bergen verschanzt und dann öffentlich als kubanische Gruppe in Kuba zu erkennen gegeben hätten, „und nicht als eine Invasionstruppe, die die Yankees geschickt haben“. Der ursprüngliche Plan war ihm „zu spektakulär“ und erinnerte ihn zu sehr an amphibische Landungen im Zweiten Weltkrieg. Als er die CIA anwies, die Sache mit etwas weniger Aufwand anzugehen, warnte ihn der Sprecher des außenpolitischen Senatsausschusses, William Fulbright, die Aktion überhaupt zu genehmigen. Dies sei jene Art von Scheinheiligkeit und Zynismus, die die USA ständig der Sowjetunion zum Vorwurf machten. Man solle stattdessen die kubanische Regierung erdulden und die Insel isolieren. Kennedy entschied anders.

Zur Vorbereitung der Invasion bombardierten am 15. April 1961 acht amerikanische B-26-Flugzeuge drei kubanische Flugplätze. Es war der Beginn eines perfekten Fehlschlages. Die B-26 zerstörten nur fünf der 36 kubanischen Kampfflugzeuge, und die reichten aus, um die Invasionstruppe von etwa 1500 Exilkubanern zu schlagen. Entscheidend dabei war, dass

UPI/Süddeutsche Zeitung, 00748017

Exilkubanische Mitglieder der anti-Castro Streitkräfte in einem Trainingscamp in der Karibik wenige Tage vor der Invasion in der Schweinbucht, April 1961.

Kennedy in letzter Minute zögerte und amerikanische Luftunterstützung ablehnte. Er autorisierte lediglich, dass zwei amerikanische Jets – nach Entfernung der Markierung US-Air Force – die B-26 bei ihrem Angriff unterstützen sollten. Diese zwei Jets tauchten dann allerdings eine Stunde vor Eintreffen der B-26 vor Kuba auf – deren Piloten hatten die eine Stunde Zeitdifferenz zwischen Guatemala und Kuba nicht berücksichtigt! Die B-26 wurden dann von Castros Luftwaffe und Luftabwehr abgeschossen.

Am Mittag des 19. April 1961 war alles vorbei. Mehr als 100 Exilkubaner waren tot, nur 14 wurden von der US-Marine gerettet, die übrigen gefangen genommen und zu je 30 Jahren Haft verurteilt. Castro selbst gab die Vernichtung der „Söldnerarmee“ bekannt.

ap/dpa/picture alliance/Süddeutsche Zeitung, 00106167

Der kubanische Staatschef Fidel Castro spricht während der Invasion in der Schweinebucht im April 1961 zu Mitgliedern der revolutionären Streitkräfte.

akg-images / Sputnik, AKG568307

Fiasko in der Schweinebucht. Abgeschossenes US-amerikanisches Flugzeug an der Playa Girón, Kuba 17. April 1961.

Ein Jahr später legte der CIA-Generalinspekteur Lyman Kirkpatrick einen bis 1998 geheim gehaltenen, extrem kritischen Bericht über das Desaster vor. Er nannte die Aktion „lächerlich oder tragisch oder beides" und zählte eine fast endlose Reihe von Fehlern und Versäumnissen auf: Einige der CIA-Offiziere konnten kein Spanisch, behandelten aber die Exilkubaner „wie Dreck". Ein Aufstand in Kuba sei „reines Wunschdenken" gewesen. Es wäre die Pflicht der CIA gewesen, Kennedy zur Absage der Aktion zu raten.

Die etwa 1200 Gefangenen wurden erst im Dezember 1962 im Austausch von privat gesammelten Nahrungsmitteln und Medikamenten freigelassen.

Kennedy war ein Mann, der Niederlagen nur schwer oder gar nicht akzeptierte. Mehr denn je war er seit jenem April entschlossen, das Castro-Regime zu beseitigen. So genehmigte er im November 1961 die von seinem Bruder Robert geleitete Operation „*Mongoose*" (Mungo): verdeckte Operationen zur Vorbereitung eines Aufstandes gegen Castro, gegebenenfalls auch seine Ermordung. „*Mongoose*" war nicht etwa die Angelegenheit einiger rechter Extremisten, wie uns Oliver Stone in seinem Film *„Thirteen Days“* über Kennedy weismachen will, im Gegenteil: Es war die bis dahin größte CIA-Operation mit etwa 400 Agenten und einem Jahresbudget von über 50 Mio. Dollar. Gleichzeitig übten Exilkubaner und andere Freiwillige in Florida unter Leitung der CIA weiter für eine Invasion. Seit Januar 1962 wurde Miami zur größten CIA-Basis ausgebaut, mit 600 Offizieren und 3.000 Exilkubanern, eigener Flotte und eigener Luftwaffe. Im Pentagon wurden gleichzeitig Notfallpläne für Luft- und Bodenangriffe entworfen und im März ein groß angelegtes Landemanöver – *„ORTSAC“*: Castro rückwärts gelesen – auf einer anderen Karibikinsel mit 79 Schiffen, 300 Flugzeugen und 40.000 Marinesoldaten durchgeführt. Angesichts dieser Aktivitäten verstärkte sich jedenfalls in Moskau und Havanna der Eindruck, dass es früher oder später zu einer Invasion Kubas durch die USA kommen werde.

Moskau und die Operation „Anadyr“

Etwa zu dem Zeitpunkt muss Chruschtschow die Idee gekommen sein, Atomraketen auf Kuba zu stationieren. Über die amerikanischen Entscheidungen der folgenden Wochen und Monate und insbesondere jener 13 Tage nach Entdeckung der Raketen durch eine U-2 am 14. Oktober wissen wir inzwischen ziemlich genau Bescheid. Weniger gut sind wir über die sowjetische Seite informiert. Noch immer sind die Moskauer Regierungsarchive nahezu unzugänglich – selbst für russische Historiker. Für sie ist die Kubakrise die „karibische Krise“, in

National Archives II, College Park, Maryland

Die Hauptakteure in Moskau (v. l.): Außenminister Andrej Gromyko, Nikita Chruschtschow, Verteidigungsminister Rodion Malinowski.

der die Raketen einen US-Angriff auf Kuba verhindern sollten. Über die wahren Gründe für die Raketenstationierung lässt sich nach wie vor nur spekulieren. Manches deutet darauf hin, dass es Chruschtschow um den Schutz Kubas vor einer Invasion ging, damit verbunden war aber auch eine Veränderung des strategischen Kräfteverhältnisses, verbunden mit der Möglichkeit, neuen Druck in der Berlinfrage auszuüben. Gegen eine Invasion Kubas hätte die Sowjetunion mit konventionellen Waffen nur wenig ausrichten können, mit Atomraketen und Cruise Missiles auf der Insel sah das schon anders aus. Die Amerikaner, so Chruschtschow in seinen Erinnerungen, würden es sich „zweimal überlegen, unsere Stellungen durch einen militärischen Schlag zu eliminieren. [...] Und selbst wenn nur ein Viertel oder auch nur ein Zehntel unserer Raketen einen Angriff überstehen würde – oder auch wenn nur eine oder zwei große [Raketen] übrig blieben –, könnten wir damit immer noch New York beschießen, und von dieser Stadt würde dann nicht mehr viel übrig bleiben."

Die Amerikaner, so der Kremlchef später, „hatten unser Land mit Militärbasen umgeben und bedrohten uns mit nuklearen Waffen. Nun sollten sie lernen, wie es ist, wenn feindliche Raketen auf einen gerichtet sind. Wir wollten nicht mehr und nicht weniger, als sie ihre eigene Medizin probieren lassen."

Es gab eine einfache Rechnung bei dem Unternehmen: Sowjetische Mittelstreckenraketen würden durch die Stationierung auf Kuba zu preiswerten Interkontinentalraketen, die nicht gebaut werden mussten. Mit dem so eingesparten Geld konnte Chruschtschow wichtige innen- und wirtschaftspolitische Reformen finanzieren, etwa die Agrarreform, die für ihn hohe Priorität hatte.

Es war allerdings eine kühne, nahezu abenteuerliche Idee auf Seiten der Sowjets zu glauben, dass die USA die Stationierung sowjetischer Atomraketen 90 Meilen vor ihrer Küste nicht entdecken bzw. akzeptieren würden. Vielleicht waren sie auch wirklich so naiv, wie Mikojan Castro am 3. November 1962 in Havanna weismachen wollte, dass man dem Ratschlag der Militärs gefolgt sei, wonach die Raketen „unter den Palmenblättern Kubas vor der amerikanischen Luftaufklärung sicher seien“.

Ende Mai 1962 wurde Fidel Castro der sowjetische Plan vorgelegt. Castro stimmte zu. Er ging davon aus, dass ein strategisches Gleichgewicht zwischen den USA und der Sowjetunion hergestellt und damit eine amerikanische Invasion seiner Insel verhindert würde.

Die entscheidende Sitzung des Präsidiums der KPdSU fand dann am 10. Juni 1962 statt. Mit dabei Außenminister Gromyko, Verteidigungsminister Malinowski und Vertreter des Generalstabs. Malinowski erläuterte den Plan, den der Generalstab ausgearbeitet hatte. Es ging um eine gigantische Aufrüstung Kubas: 24 Mittelstreckenraketen mit einer Reichweite von 1600 km, 16 Interkontinentalraketen mit einer Reichweite von 3200 Kilometern, jeweils bestückt mit einem atomaren Sprengkopf in der Stärke einer Megatonne TNT, das entsprach der Stärke von 66 Hiroshima-Bomben. Weitere 20 Raketen sollten in Reserve gehalten werden. Die 40 Raketen sollten aus der Ukraine und Weißrussland abgezogen werden. Nach ihrer Aufstellung würde sich die Zahl der sowjetischen Atomraketen, die die USA treffen könnten, verdoppeln. Außerdem sollten zwei Bataillone mit modernsten T-55 Panzer stationiert werden, eine Staffel der modernsten MIG-31 Kampfjäger, 70 Iljuschin-Atombomber, 80 Marschflugkörper mit jeweils 60 Kilometer Reichweite. Auf der Insel sollte gleichzeitig eine Basis für Atom-U-Boote errichtet werden. Etwa 51.000 Soldaten waren dafür vorgesehen, davon 10.000 Kampftruppen.

Anfang Juli erfolgte dann allerdings eine Entscheidung Chruschtschows, die sich im Nachhinein verhängnisvoll auswirken sollte. Der ursprüngliche Plan sah vor, dass die Raketen am 1. November 1962 einsatzbereit sein würden – wenige Tage vor den Kongresswahlen in den USA. Fidel Castros Bruder Raul meinte dann jedoch, dass es den Kubanern primär um ihre nationale Sicherheit gehe und von daher als erstes SAM-Abwehrraketen aufgebaut werden sollten. Chruschtschow

ullstein bild – dpa, 00233148

Der sowjetische Frachter „Kolkhoznik" im Ärmelkanal auf dem Weg nach Kuba. An Bord vier Torpedoboote, 23. Oktober 1962.

stimmte zu. Statt der Atomraketen sollten nun zuerst die SAM-Raketen nach Kuba gebracht werden – allerdings mit der Konsequenz, dass sich die Verschickung der Atomraketen verzögerte, weil nicht genug Schiffsraum zur Verfügung stand.

Inzwischen lief die sowjetische Operation „Anadyr“ an, genannt nach einem Fluss an der Pazifikküste Sibiriens und einer dortigen Luftwaffenbasis, von wo aus sowjetische Bomber die USA erreichen konnten. Damit sollte offensichtlich bei ausländischen Beobachtern Verwirrung gestiftet werden mit Blick auf die Militärtransporte. „Anadyr“ war das größte amphibische Unternehmen in der Geschichte der Sowjetunion und gleichzeitig die größte sowjetische Geheimoperation des Kalten Krieges. 85 Schiffe standen zur Verfügung, die in sechs Häfen von Sewastopol bis Murmansk beladen wurden. Alles unterlag strengster Geheimhaltung. Kapitäne und Mannschaften kannten bis zum Atlantik das Ziel noch nicht. Sie mussten Winterkleidung und Skier mit sich führen, um jeden verfrühten Eindruck zu vermeiden, es ginge in die Karibik. Die Schiffe selbst waren als Holzfrachter getarnt, die Raketenteile in den Laderäumen versteckt. Jeder Kapitän hatte einen Briefumschlag, der im Beisein eines Offiziers des Geheimdienstes KGB auf hoher See geöffnet wurde. Es gab die Anweisung, dass bei einem Angriff Ausweichmanöver durchgeführt, alle Dokumente vernichtet und notfalls das Schiff versenkt werden sollte. Die Geheimhaltung nahm teilweise kuriosen Formen an: so mussten sich die Besatzungsmitglieder Bärte wachsen lassen, um wie kubanische Guerillas auszusehen.

John F. Kennedy Presidential Library, Boston, Massachusetts

John F. Kennedy unterschrieb die offizielle Proklamation zur Verhängung der Quarantäne, 23. Oktober 1962.

Die Quarantäne

Um 19:06 Uhr am 23. Oktober unterschrieb Kennedy die offizielle Proklamation zur Verhängung der Quarantäne, die am 24. Oktober um 10:00 Uhr in Kraft treten würde. Gleichzeitig gab er den Befehl, für das US-Strategische Luftwaffenkommando SAC *(Strategic Air Command)* die Alarmstufe auf DEFCON-2 anzuheben – dies zum ersten und bis heute einzigen Mal in der amerikanischen Geschichte. Das hieß: 204 Interkontinentalraketen im Westen der USA wurden für den Start vorbereitet, 12 U-Boote mit 140 Polaris-Raketen an Bord an die Küsten der Sowjetunion beordert, weitere 220 Raketen auf fünf Flugzeugträgern einsatzbereit gemacht. 62 B-52-Bomber mit 196 Wasserstoffbomben an Bord waren nun ständig in der Luft; die Piloten hatten versiegelte Umschläge mit den Einsatzbefehlen erhalten. 628 weitere Bomber mit mehr als 2000 Atombomben an Bord waren rund um die Welt in Alarmbereitschaft. Hinzu kamen 60 Thor-Raketen in Großbritannien und 30 Jupiter-Raketen in Italien – jeweils mit Atombomben bestückt (und fünf Jupiter-Basen in der Türkei). Die strategische Überlegenheit der USA gegenüber der Sowjetunion betrug damals 4:1 bei Interkontinentalraketen und 17:1 insgesamt (Atomsprengköpfe etc.). Die USA verfügten damit über die vielzitierte Erstschlagkapazität, die Sowjetunion dagegen nicht einmal über eine ausreichende Zweitschlagkapazität. Wäre es zum „finalen Scheitern“ gekommen, wäre die Sowjetunion pulverisiert worden – mit vielen Millionen Toten allerdings auf beiden Seiten.

Kurz zuvor war es dem sowjetischen Frachter *Alexandrowsk* mit 68 atomaren Sprengköpfen an Bord gelungen, noch einen Hafen in Kuba anzulaufen. Jetzt beschloss Chruschtschow eine harte Gangart gegenüber Kennedy. In einem Schreiben an ihn

ap/dpa/picture alliance/Süddeutsche Zeitung, 00123479

Der amerikanischer Träger „Enterprise“ mit F4f „Phantom“ Jagdflugzeugen auf Deck nimmt an der amerikanischen Blockade Kubas von See her teil. Insgesamt sind 40 Schiffe der US Navy beteiligt, 23. Oktober 1962.

bezeichnete er die Quarantäne als Blockade und als ein Ultimatum, dass man zurückweise; sie sei eine Aggression, mit der die Menschheit an den Rand eines Atomkrieges gerate. Die sowjetischen Kapitäne würden jedenfalls keine Anweisung erhalten, den amerikanischen Forderungen nachzugeben. Falls die USA Krieg wollten, „dann werden wir uns alle in der Hölle wiedersehen".

Gleichzeitig wurde für die Truppen des Warschauer Paktes erhöhte Gefechtsbereitschaft und für die Streitkräfte der Sowjetunion volle Gefechtsbereitschaft (u. a. auch für die 50.000 Sowjetsoldaten in der DDR) angeordnet. Sechs Interkontinentalraketen wurden startklar gemacht, 100 Bomber aufgetankt. Ausdrücklich wurde allerdings mitgeteilt, dass die erhöhte Gefechtsbereitschaft nicht für die Offensivtruppen der Sowjetarmee galt.

Inzwischen näherte sich der Öltanker *Bukarest* dem Sperrring. Die Mehrheit der ExComm-Mitglieder wollte, dass amerikanische Marinesoldaten an Bord gehen sollten. Kennedy entschied anders; er wollte Chruschtschow nicht in die Enge treiben und zu unüberlegten Aktionen provozieren. Die *Bukarest* konnte weiterfahren. Als die Nachricht in Havanna bekannt wurde, veranstaltete man dort Freudentänze. Als nächstes näherte sich die DDR-*Völkerfreundschaft* mit 2000 Urlaubern an Bord. Kennedy entschied, auch sie passieren zu lassen.

Wenig später kam die Nachricht, dass sechs sowjetische Schiffe mit Kurs auf Kuba ihre Fahrt gestoppt hätten. Robert Kennedy meinte später: „In dem Moment sah jeder wie verwandelt aus. Für einen Moment hatte die Welt stillgestanden, und nun bewegte sie sie wieder."

Für die USA war damit das eigentliche Problem allerdings keinesfalls gelöst: an den Abschussrampen auf Kuba wurde nämlich mit Hochdruck weitergearbeitet. Und auf amerikanischer Seite setzten die Militärs die Vorbereitungen für eine Invasion fort.

Fast gleichzeitig kam es zu einer Konfrontation im UNO-Sicherheitsrat, die live im Fernsehen übertragen wurde. Dort

dpa/Süddeutsche Zeitung, 00155683

Während einer Sicherheitsratssitzung werden amerikanische Luftbilder der Raktenstellungen auf Kuba gezeigt. Zwischen dem amerikanischen Delegierten Adlai Stevenson (vorn rechts) und seinem sowjetischen Kollegen Verlerian Sorin (nicht im Bild) kommt es zu erregten Auseinandersetzungen, 25. Oktober 1962.

United Archives/TopFoto/Süddeutsche Zeitung, 5.01350742

Adlai Stevenson (r.) und Valerian Zorin (l.) sprechen über die Kubakrise in der Sitzung des UNO-Sicherheitsrates, New-York 25. Oktober 1962.

saßen sich US-Botschafter Stevenson und Sowjetbotschafter Sorin gegenüber. Sorin leugnete immer noch die Raketen auf Kuba (von deren Existenz er tatsächlich immer noch nichts wusste). Daraufhin konfrontierte Stevenson ihn mit den U-2-Fotos und fragte ihn, ob er weiter leugne: „Ja oder Nein? Warten Sie nicht auf die Übersetzung! Ja oder Nein?“ Zorin: „Ich bin hier nicht in einem amerikanischen Gerichtssaal, Sir, und deshalb habe ich keine Lust, eine Frage zu beantworten, die mir gestellt wird, als stünde ich vor dem Staatsanwalt.“ Stevenson: „Sie stehen hier im Gerichtssaal der Weltmeinung, und Sie können mit Ja oder Nein antworten.“ Und später: „Ich bin bereit, auf eine Antwort zu warten, bis die Hölle gefriert.“ (*„until hell freezes over“*)

Millionen Amerikaner, einschließlich Kennedy, verfolgten diese Debatte vor dem Fernseher. Von dem als *„soft“* bekannten Stevenson hatte man alles erwartet, nur das nicht. Es war Stevensons *„finest hour“*, das Weiße Haus und die ganze Nation waren begeistert.

Am Nachmittag des 26. Oktober lief alles in Richtung militärischer Lösung. Laut Invasionsplan – Codename *„Scabbards“* (Schwertscheiden) – sollten 23.000 Mann der 82. und 101. Fallschirmjägerdivisionen vier Flugplätze in und um Havanna besetzen. Während Fallschirmjäger im Rücken des Feindes landeten, sollte Havanna in einer Zangenbewegung von den Raketenstützpunkten abgeschnitten werden. Für die Invasion waren 120.000 Soldaten vorgesehen. Vorausgehen sollten massive Luftangriffe – 1.190 allein am ersten Tag –, um die Raketenbasen, das Luftabwehrsystem und sämtliche Flugplätze zu zerstören. Nach etwa sieben Tagen sollte dann die komplette Invasion durchgeführt werden. Die Marine hatte in den Gewässern um Kuba drei Flugzeugträger, zwei schwere Kreuzer und 26 Zerstörer mit zahlreichen weiteren Versorgungsschiffen stationiert. Einige Kommandeure spielten mit dem Gedanken, taktische Atomwaffen anzufordern.

Am 26. Oktober schrieb Chruschtschow einen Brief an Kennedy, in dem er einen Weg aus der Krise andeutete. Er bestand zwar nach wie vor darauf, dass die sowjetischen Waffen auf Kuba nur defensiv seien, fuhr dann aber fort:

„Ich schlage Folgendes vor: Wir erklären unsererseits, dass unsere Schiffe nach Kuba keinerlei Waffen geladen haben. Sie wiederum erklären, dass die Vereinigten Staaten nicht mit ihren Streitkräften in Kuba einmarschieren und auch keine Kräfte unterstützen werden, die eine solche Invasion planen. Damit entfiele die Notwendigkeit für die Präsenz unserer militärischen Berater auf Kuba."

Dann ging Chruschtschow auf die „Quarantäne" und die „aggressive Piraterie" ein, die die USA planten: „Sollten Sie diesen ersten Schritt zur Entfesselung eines möglichen Krieges machen, so bleibt uns logischerweise nichts anderes übrig, als die Herausforderung anzunehmen." Und dann machte er noch einmal klar, dass offensichtlich keine Zeit zu verlieren sei. Man solle an dem Seil, in das Kennedy den Knoten eines Krieges gemacht habe, nicht weiter ziehen:

„Denn je fester wir beide daran ziehen, desto fester zieht sich auch der Knoten zusammen. Und irgendwann kommt der Moment, an dem wir nicht mehr die Kraft haben, ihn wieder zu lösen, und dann wird es nötig sein, den Knoten zu zerschneiden. Was das bedeuten würde, muss ich Ihnen nicht erklären, da Sie selbst ganz genau wissen, über welch furchtbare Kräfte unsere Länder verfügen."

Inzwischen wurde bei den „Tauben" im ExComm über ein Geschäft mit der Sowjetunion gesprochen, was Außenminister Rusk vorgeschlagen hatte: Abzug der Raketen aus Kuba und als Gegenleistung keine Invasion und evtl. Abzug der Jupiterraketen aus der Türkei. Die Zusage zum Abzug dieser Raketen musste allerdings geheim bleiben, denn sie unterstanden der NATO, über die Kennedy ohne Zustimmung der NATO-Partner gar nicht entscheiden konnte.

Der 27. Oktober 1962: Der „schwarze Samstag"

Der folgende Samstag, der 27. Oktober 1962, ist als „schwarzer Samstag" in die Geschichte eingegangen und hätte in der Tat zum schwärzesten Tag in der Geschichte der Menschheit werden können. Castro befürchtete eine amerikanische Invasion und drängte Chruschtschow am Morgen dieses Tages, einen Atomschlag gegen die USA zu führen.

Dann ging es Schlag auf Schlag:

Kennedy hatte einen weiteren U-2-Flug über Kuba genehmigt, wo inzwischen sämtliche Radaranlagen aktiviert worden waren. Diese Anlagen wurden von sowjetischem Personal bedient, das den Flug der U-2 verfolgte und es Ziel Nr. 33 nannte. Die zwei zuständigen Generäle Leonid Grechko und Leonid Garbuz waren überzeugt davon, dass der Flug der U-2 der Beginn eines amerikanischen Luftangriffs war. Beide wussten, dass der Oberbefehlshaber der sowjetischen Truppen auf Kuba, General Issa Plijew, Moskau von der Absicht informiert hatte, amerikanische Flugzeuge abzuschießen, falls ein Angriff drohte, von dem man in Kuba ausging. Wie konnte man unter diesen Umständen zwischen Aufklärungsflügen und dem Beginn eines amerikanischen Luftangriffs unterscheiden? Aus Sicht der beiden Generäle durften die U-2-Informationen den Feind – die USA – nicht erreichen. Was war zu tun? Beide versuchten, Plijew ans Telefon zu bekommen, konnten ihn aber nicht erreichen. Die Zeit drängte, da die U-2 nicht mehr lange in kubanischem Luftraum sein würde. Dann übernahmen sie die Verantwortung und gaben der SAM-Raketenbatterie um 10:16 Uhr den Befehl: „Zerstört Ziel Nr. 33. Nehmt zwei Raketen." Um 10.19 Uhr war das Ziel Nr. 33 zerstört und die Kubakrise hatte

The John F. Kennedy Presidential Library and Museum

Luftaufnahme des Startplatzes Nr. 3 der Mittelstreckenrakete (MRBM) in San Cristobal, Kuba, Aufnahmedatum 27. Oktober 1962.

ihr erstes Opfer: Pilot Major Rudolf Anderson. Im ExComm fiel der Satz: „Die Sowjets haben den ersten Schuss abgefeuert."

Noch war das Schicksal der U-2 in Washington nicht bekannt, da erhielt das Weiße Haus die Meldung, dass eine andere U-2 über Alaska vom Kurs abgekommen und in den sowjetischen Luftraum eingedrungen sei. Die Sowjets mussten vermuten, dass dies ein letzter Spionageflug sein könnte, um die Ziele eines amerikanischen atomaren Erstschlags zu bestimmen. Mit Atomwaffen bestückte MiG-Abfangjäger stiegen auf, während US-Verteidigungsminister McNamara schrie: „Dies bedeutet Krieg mit Russland." Kennedy meinte nur: „Irgendein Idiot muss immer alles vermasseln."

Das Glück war auf Seiten des U-2-Piloten: das Benzin ging zwar aus, aber er konnte in den amerikanischen Luftraum zurückgleiten; die MiG hatten ihn in 33 Kilometer Höhe nicht erreichen können. Was niemand im ExComm wusste: gleichzeitig waren amerikanische, mit Atomwaffen bestückte Maschinen in Richtung U-2 aufgestiegen und deren Piloten hatten Befehlsgewalt, ihre Atomraketen abzuschießen.

Nach dem Abschuss der U-2 auf Kuba forderten die Stabschefs am Sonntag oder Montag einen massiven Schlag gegen sämtliche sowjetischen Basen auf Kuba durchzuführen, falls die Raketen nicht vorher abgezogen würden. Kennedy widersprach nicht. Bei einem Nein drohte ein Absetzungsverfahren („*impeachment*"). Am Montag würde der Angriff auf Kuba beginnen.

Die ungeheure Spannung der Situation wurde in dem Gespräch deutlich, das Justizminister Robert Kennedy im Auftrag seines Bruders am Abend dieses 27. Oktober mit dem sowjetischen Botschafter Dobrynin führte. Die Botschaft, die er überbrachte, war einfach: keine Raketen auf Kuba, dafür keine Invasion. Er machte aber auch deutlich, unter welch enormen Druck sein Bruder stand, denn: „Es gibt viele unvernünftige Köpfe bei den Generälen, und nicht nur bei den Generälen, die auf einen Kampf brennen." Gleichzeitig teilte er die Bereitschaft seines Bruders mit, die Raketenbasen in der Türkei abzubauen. Dies dürfe allerdings nicht öffentlich geschehen und nicht offiziell Teil der Vereinbarung sein, dafür benötige man vier bis fünf Monate. Die Zeit dränge, der Präsident brauche eine Antwort bis zum nächsten Morgen. Dies sei „eine Bitte, und kein Ultimatum".

John F. Kennedy Presidential Library, Boston, Massachusetts

Kontrahenten im Kalten Krieg: John F. Kennedy und Nikita Chruschtschow; hier bei ihrem einzigen Treffen am 3./4. Juni 1961 in Wien.

Ende der Krise und Fazit

Die Antwort kam am Sonntagmorgen auf Kurzwelle über Radio Moskau – die einzige Möglichkeit, um Washington noch rechtzeitig vor Beginn der in Moskau befürchteten Invasion über die sowjetische Entscheidung zu informieren. Man wusste, dass der Sender in Washington abgehört wurde. Chruschtschow ließ mitteilen, dass die sowjetische Regierung Anweisung erteilt habe, die Raketen auf Kuba zu demontieren, einzupacken und in die Sowjetunion zurückzubringen. In Washington gab es gleichzeitig Erleichterung und ungläubiges Staunen – und bei den Militärs Zweifel. Man habe einfach „schieres Glück" gehabt, wie Verteidigungsminister McNamara später meinte.

Castro erfuhr aus dem Radio von der sowjetischen Entscheidung, nannte das Verrat und Chruschtschow im selben Atemzug einen Bastard. Der aber ließ Castro mitteilen, dass dessen Forderung nach einem Atomschlag gegen die USA außerordentlich alarmierend gewesen sei, denn „Sie verstehen natürlich, wohin uns das geführt hätte. Es wäre nicht ein einfacher Angriff gewesen, sondern der Beginn eines atomaren Weltkrieges." Erst später begriff Castro den Zusammenhang. Die amerikanische Zusage hielt: es gab keine Invasion mehr. Vom Abbau der Raketen in der Türkei erfuhr niemand etwas.

Kennedy sah trotzdem in der Öffentlichkeit wie der strahlende Sieger aus, der mit Härte die Krise gemeistert hatte. Die Schlussfolgerung daraus – man muss nur hart gegen Kommunisten sein, dann wird man siegen – führte direkt in den Vietnamkrieg.

Die amerikanischen Militärs, die von Anfang an gewaltsam gegen Kuba vorgehen wollten und dafür vom Präsidenten am 27. Oktober für den 29. Oktober grünes Licht bekommen hatten, wussten einiges nicht – und was wir auch erst seit 1992

United Archives/TopFoto/Süddeutsche Zeitung, 5.01352861

Ein sowjetischer Frachter verlässt mit Raketen an Bord Kuba, beobachtet durch ein Flugzeug der US-Navy, 10. November 1962.

bzw. 2008 wissen, was Chruschtschow damals allerdings wusste und die entsprechende Schlussfolgerung daraus zog.

Die Amerikaner wussten nicht, dass

1. acht Raketen mit Sprengköpfen einsatzbereit waren, Sprengkraft: jeweils 1 Million TNT (das entsprach 66 Hiroshima-Bomben). Das war so viel Sprengkraft wie alle Bomben, die während des Zweiten Weltkrieges abgeworfen worden waren. Acht weitere Mittelstreckenraketen mit Atombomben standen in Reserve;
2. 80 Marschflugkörper mit je einem Atomsprengkopf in Hiroshima-Stärke auf Kuba einsatzbereit waren;
3. drei dieser Marschflugkörper für die Vernichtung der amerikanischen Marinebasis Guantanamo auf Kuba bereits in Stellung gebracht worden waren;

akg-images, AKG975981

Ein Helikopter der US-Navy überwacht während der Blockade ein sowjetisches U-Boot.

4. die vier sowjetischen U-Boote, die sich Richtung Kuba bewegten und von US-Zerstörern verfolgt wurden, je einen Nukleartorpedo in Hiroshima-Stärke an Bord hatten. Als ein Zerstörer Wasserbomben auf B-59 warf, wusste man nicht, dass im U-Boot die Verbindung mit Moskau abbrach und der Kommandant den Torpedo zum Abschuss vorbereiten ließ, der dann nicht erfolgte (von Offizieren an Bord verhindert, wie sowjetische Teilnehmer auf einer Konferenz in Havanna 1992 betonten);
5. bereits 42.000 sowjetische Soldaten – Kampftruppen – auf der Insel waren (die US-Militärs vermuteten 6-8000).
6. Die Amerikaner vermuteten – richtig – dass die Sowjets bereits Atombomben nach Kuba gebracht hatten, aber sie wussten bis zum Schluss nicht einmal, wo sie gelagert wurden.

7. Hinzu kam, dass sich die CIA bei der Reichweitenberechnung der sowjetischen Mittel- und Langstreckenraketen (Grundlage der Beratungen in Washington) um mehrere hundert Kilometer verschätzt hatte. Seattle etwa wäre als einzige US-Großstadt bei der CIA-Berechnung nicht getroffen worden, tatsächlich wäre auch diese Stadt vernichtet worden.

Die Kubakrise war die gefährlichste Krise des Kalten Krieges. Warum?

Gegen ausdrückliche Befehle aus Moskau, keine amerikanischen Flugzeuge abzuschießen, war am „schwarzen Samstag“ die U-2 von den Sowjets abgeschossen worden. Als Chruschtschow die entsprechende Mitteilung erhielt, war er außer sich und befürchtete, dass bei einer amerikanischen Invasion auch entsprechende Befehle mit Blick auf die Atomwaffen nicht befolgt würden und zur Rettung der eigenen Truppe auf Kuba die *Cruise Missiles* eingesetzt würden. Das hätte zwangsläufig zum atomaren Gegenschlag der USA geführt– mit der Vernichtung der Sowjetunion. Chruschtschow wusste auch, dass SAC nahezu sechs Dutzend sowjetische Städte für einen Atomangriff ausgesucht hatte und immer noch DEFCON 2 galt.

Die KGB-Station in Washington hatte am Samstag eine für Sonntag, 12:00 Uhr, angesetzte Pressekonferenz Kennedys gemeldet. Und dann besuchte Kennedy auch noch vorher einen Gottesdienst. Für Chruschtschow konnte das alles nur die Ankündigung der Invasion bedeuten. Er hielt Kennedy im Übrigen für zu schwach, um den Militärs widerstehen zu können und befürchtete ernsthaft einen Regimewechsel in Washington mit anschließendem Angriff auf Kuba.

Das musste um jeden Preis verhindert werden, die Entscheidung Moskaus musste noch vor Kennedys Pressekonferenz Washington erreichen. Da es keine direkte Verbindung gab, ging die Meldung über Radio Moskau. Anders als lange Zeit vermutet, wurde diese Entscheidung vom Politbüro ohne Kenntnis des Telegramms von Dobrynin über sein Gespräch mit Robert Kennedy getroffen. Als das eintraf und im Politbüro verlesen wurde, schien es lediglich die Richtigkeit der bereits getroffenen Entscheidung zu bestätigen.

Die Kubakrise trieb die Welt an den Rand eines Atomkrieges, den weder Chruschtschow noch Kennedy wollten. Wäre es zur Invasion gekommen, hätte das mit Sicherheit zur finalen Katastrophe geführt.

Vor dem Präsidium seiner Partei begründete Chruschtschow am 3. Dezember 1962 sein Vorgehen folgendermaßen:

„Es war richtig, unsere Raketen dorthin gebracht zu haben. All das Gerede drumherum wird sich mit der Zeit legen. Die Amerikaner haben unser Land ernst genommen. Wir sind sozusagen Mitglieder im internationalen Klub. Die Amerikaner hatten selbst Angst. Das war positiv. Jetzt, da die Krise vorüber ist, kann man in Ruhe miteinander sprechen."

Letztlich war der von Chruschtschow verkündete „Sieg" für einige Präsidiumsmitglieder wohl doch keiner: 1964 wurde Chruschtschow entmachtet.

Eine Konsequenz aus der Konfrontation vom Oktober war die Einrichtung des „heißen Drahtes", einer direkten Fernschreibverbindung zwischen Weißem Haus und Kreml im Sommer 1963 – von Moskau erstmals im Sechstagekrieg im Juni 1967 aktiviert –, sowie im August 1963 das Abkommen über ein Verbot von Kernwaffenversuchen in der Atmosphäre, im Weltraum und unter Wasser, von dem Adenauer nicht sonderlich beeindruckt war. Zu Außenminister Rusk meinte er, die Versuche unter der Erdoberfläche seien ja nicht betroffen, was doch dem Bereich der Menschheit sehr viel näher läge, „als wenn irgendwo hinter dem Mond etwas zur Explosion gebracht würde".

War die Berlinkrise die letzte große Ost-West-Konfrontation in Europa, so war Kuba der letzte globale Konflikt zwischen den USA und der Sowjetunion. Krisen und heiße Kriege gab es von nun an auf Ersatzschauplätzen; das nannte man Stellvertreterkriege. Der Kreml zog eine weitere Lehre aus der Krise: wegen militärischer Unterlegenheit würde man nicht noch einmal nachgeben. Moskau legte ein gigantisches Rüstungsprogramm auf, das zwar Mitte der siebziger Jahre zum „Gleichgewicht des Schreckens“ führte, die Sowjetunion aber letztlich in allen Bereichen überforderte. Ihr Ende war damit vorprogrammiert.

Kuba aber und Castro blieben ein Stachel im Fleisch der Amerikaner. Die Zusage, das Land nicht anzugreifen, hielt, auch wenn öffentliche Äußerungen von Kennedy schon damals einen anderen Eindruck erweckten. Am 29. Dezember 1962 leistete er vor 40.000 Exilkubanern in Miami den eben freigelassenen Gefangenen des Schweinebucht-Unternehmens Tribut und beteuerte, dass die Flagge der Brigade über einem „freien Havanna“ wehen werde. Die Kubaner riefen: „Krieg! Krieg!“ Und nur einen Monat später genehmigte er verdeckte Operationen und einen verstärkten Wirtschaftskrieg gegen Kuba, um so, wie es hieß, „die Schlinge um Kubas Wirtschaft enger zu ziehen“. Er autorisierte sogar Angriffe gegen sowjetisches Militärpersonal in Kuba, „vorausgesetzt, dass man das Amerikanern nicht nachweisen kann“. 13 größere verdeckte Operationen der CIA gegen Kuba wurden allein im Jahr 1963 durchgeführt, einschließlich Sabotageakten gegen Kraftwerke, eine Zuckermühle und eine Ölraffinerie.

1976 war auch die Invasion wieder ein Thema: der damalige US-Außenminister Henry Kissinger ordnete entsprechende Planungen an, nachdem Fidel Castro ein Jahr zuvor in den Bürgerkrieg in Angola eingegriffen hatte, um der gewählten Regierung gegen bewaffnete Banden und das Apartheid-Regime in Südafrika beizustehen. Die Pläne umfassten Luftangriffe und das Verminen kubanischer Häfen. „Ich denke, wir werden Castro schlagen müssen“, *(„I think we are going to have to smash Castro,“)* so Kissinger zu US-Präsident Gerald Ford am 25. Februar 1976 im Beisein von Verteidigungsminister Donald Rumsfeld. Ford: „Ich stimme zu.“ (*„I agree.“*) Die Angriffspläne für das Jahr 1977 wurden dann allerdings durch den Wahlsieg von Jimmy Carter am 2. November 1976 gestoppt. Auch Versuche der CIA, Castro zu töten, blieben sämtlich erfolglos. Mit 90 Jahren starb Castro 2016 eines natürlichen Todes.

Literatur/Filme/Dokumentationen/Internet

Literatur

Rolf Steininger, Die Kubakrise 1962. Dreizehn Tage am atomaren Abgrund, München 2011 (mit bibliographischem Essay S. 137–145).

Bernd Greiner, Kuba-Krise. 13 Tage im Oktober. Analyse, Dokumente, Zeitzeugen, Nördlingen 1988.

Bernd Greiner, Die Kuba-Krise. Die Welt an der Schwelle zum Atomkrieg, München 2010.

Heiner Timmermann (Hrsg.), Die Kubakrise 1962. Zwischen Mäusen und Moskitos, Katastrophen und Tricks, Mongoose und Anadyr, Münster 2003.

Aleksandr A. Fursenko/Timothy J. Naftali: One Hell of a Gamble. Krushchev, Castro & Kennedy 1958–1962. The Secret History of the Cuban Missile Crisis, New York 1997.

Michael Dobbs, One Minute to Midnight: Kennedy, Khrushchev and Castro on the Brink of Nuclear War, New York 2008.

Dokumente

Laurence Chang/Peter Kornbluh (eds.), The Cuban Missile Crisis 1962: A National Security Archive Document Reader, New York 1992, Neuauflage 1998.

Mary S. McAuliffe (ed.), CIA-Documents on the Cuban Missile Crisis 1962, Washington 2002.

Foreign Relations of the United States (FRUS) 1961–1963: Vol. X: Cuba, 1961–1962, Washington, D. C. 1997, mit insgesamt 443 Dokumenten; Vol. XI, Cuban Missile Crisis and Aftermath, Washington 1996, mit 319 Dokumenten. Ergänzend dazu Volume VI, Kennedy-Khrushchev Exchanges, Washington, D. C. 1996 (auch online).

National Security Archive (ed.), Kissinger Considered Attack on Cuba Following Angola Incursion, Washington, D. C., Oktober 2014. nsarchive2.gwu.edu

Filme/Dokumentationen

Der bekannteste Spielfilm ist *Thirteen Days* mit Kevin Costner und Bruce Greenwood aus dem Jahr 2000.

Eine der besten Fernsehdokumentationen ist die Produktion von ABC-News *The Missiles of October: What the World Didn't Know* aus dem Jahr 1992, mit Peter Jennings als Sprecher. In dieser Dokumentation wurden jene Informationen weitergegeben, die auf einer Kubakrisen-Konferenz vom sowjetischen General Anatoli Gribkow erstmals offenbart wurden, etwa, dass die Sowjetunion 80 taktische Nuklearsprengköpfe auf der Insel hatte, die notfalls wohl eingesetzt worden wären. BBC produzierte 2002 eine Dokumentation: *Cuba: The Other Side of Armageddon*, der Discovery Channel 2002 eine Dokumentation mit Tom Clancy, WDR und ARTE die Gemeinschaftsproduktion „Am Abgrund – Anatomie der Kubakrise".

Internet

http://www.whitehousetapes.net/tapes/kennedy/meetings

Tonbandaufnahmen der ExComm-Sitzungen mit Audioclips und Transkription; Miller Center of Public Affairs der University of Virginia, Presidential Recording Program.

http://hpol.org/jfk/cuban/
The Cuban Missile Crisis, October 18–29, 1962. Aufnahmen der Gespräche Kennedys im Oval Office mit seinen Beratern, den Stabschefs, ExComm, persönliche Eindrücke etc.; von der Kennedy-Bibliothek zur Verfügung gestellt.

„The World On the Brink: John F. Kennedy and the Cuban Missile Crisis". Interactive Exhibits. John F. Kennedy Library.

http://www.cubanmissilecrisis.org
Sehr gute Seite der Harvard University und des Produzenten des Spielfilms *„Thirteen Days"*.

http://www.americanrhetoric.com/speeches/jfk cubanmissilecrisis.html
Kennedy-Rede vom 22.10.1962.

Hörfunk

Die Kubakrise, Rolf Steininger, 5 × 5 Min., ORF,Ö1: Betrifft Geschichte, 2012/2017; abrufbar unter www.rolfsteininger.at